CARTAS EXTRAVIADAS

e outros poemas

Livros da autora publicados pela **L&PM** EDITORES:

Topless (1997) – Crônicas
Poesia reunida (1998) – Poesia
Trem-bala (1999) – Crônicas
Non-stop (2000) – Crônicas
Cartas extraviadas e outros poemas (2000) – Poesia
Montanha-russa (2003) – Crônicas
Coisas da vida (2005) – Crônicas
Doidas e santas (2008) – Crônicas
Feliz por nada (2011) – Crônicas
Noite em claro (2012) – Novela
Um lugar na janela (2012) – Crônicas de viagem
A graça da coisa (2013) – Crônicas
Martha Medeiros: 3 em 1 (2013) – Crônicas
Felicidade crônica (2014) – Crônicas
Liberdade crônica (2014) – Crônicas
Paixão crônica (2014) – Crônicas
Simples assim (2015) – Crônicas
Um lugar na janela 2 (2016) – Crônicas de viagem
Quem diria que viver ia dar nisso (2018) – Crônicas
Divã (2018) – Romance
Tudo que eu queria te dizer (2018) – Contos
Selma e Sinatra (2018) – Romance
Fora de mim (2018) – Romance

Martha Medeiros

CARTAS EXTRAVIADAS

e outros poemas

www.lpm.com.br

Coleção **L&PM** POCKET, vol. 832

Texto de acordo com a nova ortografia.

Este livro foi publicado pela L&PM Editores em primeira edição, em formato 14x21cm, em 2001
Primeira edição na Coleção **L&PM** POCKET: setembro de 2009
Esta reimpressão: março de 2018

Capa: Marco Cena
Revisão: Renato Deitos, Jó Saldanha e Elisângela Rosa dos Santos

CIP-Brasil. Catalogação na Fonte
Sindicato Nacional dos Editores de Livros, RJ

M44c

Medeiros, Martha, 1961-
   Cartas extraviadas e outros poemas / Martha Medeiros. – Porto Alegre, RS: L&PM, 2018.
   144p. – (Coleção L&PM POCKET; v. 832)

ISBN 978-85-254-1967-5

1. Poesia brasileira. I. Título. II. Série.

09-4749.	CDD: 869.91
	CDU: 821.134.3(81)-1

© Martha Medeiros, 2001, 2009

Todos os direitos desta edição reservados a L&PM Editores
Rua Comendador Coruja, 314, loja 9 – Floresta – 90.220-180
Porto Alegre – RS – Brasil / Fone: 51.3225.5777

Pedidos & Depto. Comercial: vendas@lpm.com.br
Fale conosco: info@lpm.com.br
www.lpm.com.br

Impresso na Gráfica Editora Pallotti, Santa Maria, RS, Brasil.
Verão de 2018

Pra ti, Telmo

1.

caminhante, passou por mim em passos lentos
com uma blusa que jamais o vi usar e um cavanhaque
ele que tinha o rosto imberbe e cujas blusas eu lavava todas
cruzou por mim na calçada e me olhou com olhos novos
da mesma cor de antes mas eram olhos outros
que viram virgindades durante o nosso tempo apartado
era ele mas era outro, e eu era eu mesma, e outra
e a distância entre nós era bem mais longa que aqueles passos curtos
e o tempo entre nós era infinito no nosso desconhecimento mútuo
ele que tanto amei e ele a mim, que trocamos beijos mais que íntimos
suas cicatrizes pelo corpo que lambi, e ele aos meus seios
ele que não me foi secreto por anos e eu por ele igualmente traduzida

caminhante, hoje passou por mim como se não houvesse
 passado
ele, em passos lentos, fez um sinal educado com a cabeça
eu, com meio-sorriso, fiz que não tinha importância

2.

saudade eu tenho do que não nos coube
lamento apenas o desconhecimento
daquilo que não deu tempo de repartir
você não saboreou meu suor
eu não lhe provei as lágrimas
é no líquido que somos desvendados
no gosto das coisas o amor se reconhece
o meu pior e o meu melhor e os seus
ficaram sem ser apresentados

3.

o céu parecia cartolina cinza que havia sido mal dobrada
seus vincos, raios
choveu naquele final de tarde uma usina
abriram-se as comportas, as ruas viraram canais
choveu de cima pra baixo, de baixo pra cima e para os
    lados
a cartolina virou papel gessado, as nuances rarearam
eu vi um barco
mas o mar se comportou e permitiu que ele atracasse
choveu naquele final de tarde um niágara
dois rapazes atravessaram as águas em bicicletas
não sei se chegaram, havia um charco
o papel gessado virou celofane, trovoadas
água sobre os vidros escorreram, voltaram todos pra
    suas casas
choveu naquele final de tarde um atlântico

4.

clamamos e pedimos a Deus, por favor
quero esquecê-lo, quero tirá-lo do meu coração
uma oração, uma promessa, diga-me, Senhor, o preço
a penitência, quantas valsas e dores, revele-me
a conduta adequada, a reza que vai desertá-lo

choramos e rogamos a Deus, por favor
uma explicação, como pude esquecê-lo tão rápido
depois de um amor tão intenso e profundo e caro
diga-me, Senhor, a parte do Evangelho, se fico de joelhos
quantas missas, Senhor, para recordá-lo

5.

A cidade acordou antes de mim,
me serviu buzinaços na cama
e caminhões despejando cimento.

Comi pão dormido e o café estava frio,
vesti a camiseta do lado errado
e não tive tempo de passear com o cachorro.

Cheguei atrasado no trabalho
e trabalhei com sono até a noite,
quando então voltei sozinho.

Subi pela escada e assim que entrei em casa,
dormi.

Hoje eu não vivi.

6.

aquela meio estrábica com um vestido bordado
jura que me viu com um vigarista no último verão

aquele de terno claro e cabelo implantado na testa
jura que fiz gato e sapato do meu analista

aquela morena com a bolsa combinando com o escarpim
jura que me endividei para ter um carro blindado

por mais que eu procure ser pontual nas festas
minha reputação chega sempre antes de mim

7.

eu diria do amor que o amor é reto
que o asfalto do amor acaba
mas o amor continua
desbravando o mato

8.

janelas e portas abrem e se fecham
há cortinas dentro que se mesclam
muitos tecidos que escondem e revelam
janelas e portas batem e silenciam
há grades dentro e por fora
aberturas e mínimas chances de fuga
janelas e portas protejem e iludem
vidros são limpos e escuros
há marcas de mãos perto dos trincos

9.

acenda um fósforo em mim, não queima
perfure com uma faca, não jorra
cuspa na minha cara, não escorre
quase nada me traz consequência
não há aderência em gente que teima

10.

por onde queres entrar: boca, ouvido, vagina?
então entre e fique bem dentro, muito além da periferia
inicie sua turnê pelo interior do meu corpo e descubra
que muito mais que um estômago, um fígado e dois rins
habita em mim uma cidade, um povaréu, outro planeta
experimente meu sangue, dê cá sua língua, lamba
sinta do que é feita a minha umidade, e com muito tato
desdobre meus pensamentos, que é aquela coisa enroscada
ali no meio do cérebro, desmonte, sacuda, não tenha medo
se cair não quebra, são várias ideias robustas
brigam entre si mas se gostam, moram na mesma casa
e onde faz barulho é onde fica o coração, musculoso e aflito
tem um som, reverbera, ora forte ora rançoso, chegue perto
e agora venha cá espiar com meus olhos, veja o que eu vejo
de que jeito enxergo o mundo de dentro pra fora, agora a alma
aproxime-se e toque, tirando o resto a alma é tudo o que sobra

11.

um quase silêncio, o dia nublado
reflexo dos meus olhos em vidros embaçados
repentina clareza, vejo de ambos os lados
somos duas pessoas sentindo tudo errado

12.

para a mãe que desabrocha, rosa
para a mãe que bem-me-quer, margarida
para a mãe que gosta de champanhe, tulipa
para a mãe que gosta de orquestra, orquídea
para a mãe que é um violão, violeta
para a mãe que não dorme, girassol
para a mãe que trabalha, sempre-viva
para a mãe que defende, boca-de-leão
para a mãe que é linda, lírios
para a mãe que gera, gerânios
para a mãe que ama, amor-perfeito

13.

te amei
como nunca amei nessa vida
e do final deste amor
restou uma mulher tão fria
que nem por ti mesmo
conseguiria sentir
o amor que senti um dia

14.

tinha quatorze anos, insegurança e nenhuma celulite
hoje tenho maturidade e um corpo que não alcança
  minha mente

tinha marido, filhos e veraneava numa praia onde chovia
hoje bate sol no sobrado em que me escondo

tinha cabelos, primos e uma música preferida
hoje a surdez me poupa do zumbido dos mosquitos

tinha certezas, verdades, princípios, rapazes
hoje tenho certeza de que não soube ser capaz

o futuro tão ansiado chegou mais cedo que devia
eu sonhava para frente, hoje sonho para trás

15.

seria incorreto dizer que sou boa porém: sou
então que incorreção é essa que me contradiz?
minha bondade é facultativa, sou uma bondosa apren-
   diz
no resto do tempo me dedico às faltas: gol

16.

quedas de aviões são cinematográficas
restos de fuselagem, tudo meio longe e perto,
cenas, tumulto em aeroportos, caixa-preta

não tenho medo de avião ou labareda
queimaduras de primeiro e segundo grau,
testemunhei, passei por tudo isso

vocação eu tenho é pra ser sobrevivente

17.

se tenho os lábios bem desenhados e o seio esquerdo e
 direito
se falo com voz cristalina e o umbigo não é saltado
se o cabelo é alinhado e as orelhas estão sempre limpas
por que não me amas?

se tenho o pescoço longo e as emoções controladas
se sei responder as perguntas quase todas
se conheço a arte de sorrir com o rosto inteiro
por que não me amas?

se tenho sete vestidos para usar no sábado
se as pernas são rijas e as unhas não estão roídas
se leciono às quintas e a tristeza está bem escondida
por que não me amas?

se nado bem de costas e vivo bem de frente
se como pouco açúcar e bebo muita água

se a timidez que trago não atrapalha a dança
por que não me amas?

sei responder as perguntas quase todas

18.

quantas ondas quebrarão diante de meus olhos?
talvez umas setecentas bilhões de ondas, já que do mar me afasto pouco
e beijos, quantas vezes os meus lábios roçarão os lábios dele?
provavelmente umas oitocentas e vinte mil vezes, até o final do ano.

quantas risadas ainda darei, mesmo que por dentro esteja febril,
e quantas idades durará o brilho do olhar, quantos plays meu jazz favorito?
ainda lerei uns mil e seiscentos livros na vida se minhas contas estiverem certas
e havendo tantos anos esperando por mim, e com as córneas funcionando.

quantas músicas me farão calar e treinar o disfarce do pranto,
quantas vezes vou entrar numa estrada e quantas vezes vou deixá-la,
quantos mil quilômetros irei me perseguir, por quanto tempo me rastrearei?
irei ao supermercado muito mais vezes do que chegarei ao ponto.

19.

surpreendente, ele não me deixou
ele não fez o que disseram que iria fazer,
as revistas,
ele não se comportou como exigiam,
os mandamentos,
ele não se rendeu às evidências.

comovente, ele muito mais me amou,
fez o que disse que iria fazer,
meu coração,
não se enquadrou no personagem,
foi mais longe,
superou a si e a todos, chorou e teve paciência.

20.

Carta Extraviada

Não sei por onde começar esta carta que já nasce atrasada, pensamos sempre que temos muito a dizer mas as palavras são pouco amistosas, onde encontrá-las agora, às três e dez de uma madrugada em que me encontro insone e pensando mais uma vez em você?

Você esperou por estas palavras por muitos meses, na esperança de que elas aliviariam a dor do seu coração, mas elas não vieram porque estavam ocupadas vigiando meus impulsos, me impedindo de me abrir, e minha própria dor lhe pareceu desatenção, eu que não durmo de tanta paixão congestionada, de tanto desejo represado, de tão só que estou.

Meus motivos sempre lhe pareceram egoístas, e se eu lhe disser que o descaso aparente foi na verdade uma atitude consciente para preservar você, me chamará de altruísta e não sairemos do mesmo lugar.

Eu errei por não permitir que você me oferecesse seu afeto, eu errei ao sobrevalorizar um risco imaginário, eu errei por achar que existem amores menores e maiores, avaliados pelo tempo investido, pela contagem dos beijos, pelas ausências sentidas, por tudo isto fui conduzido a um erro de cálculo.

Não te peço nada além de compreensão, e esta carta nem era para pedir, mas para doar, eu que sempre me achei bom nessas coisas, o voluntário da paz, o boa-gente oficial da minha turma.

Mas peço: lembre de mim como alguém que alcançou a mesma medida do seu sentimento, a mesma profundidade das suas dúvidas, o mesmo embaraço diante da novidade, o mesmo cansaço da luta, a mesma saudade.

A carta vem tarde e redigida com palavras covardes, as corajosas repousam pois se imaginam já ditas e escritas, valentes foram as palavras do início, as desbravadoras, as que ultrapassaram limites, quando nós dois ainda não sabíamos do que elas eram capazes, palavras audazes, febris.

Pela enormidade de tempo que temos pela frente em que não nos veremos mais, não nos tocaremos ou ouviremos a voz um do outro, pela quantidade de dias em que conduzirás tua vida longe de mim e eu de ti, pela imensidão da nossa descrença, pela perseverança da nossa solidão, pelos nãos todos que te falei, pelo pouco que houve de sim, acredita: te amei além do possível, não te amei menos que a mim.

21.

minha desilusão e desejo foram folhetinescos
eu fui uma maria louca, uma ana das lágrimas
personagens cujos nomes trazem um destino
fui tereza dos anjos, vera das cruzes
chorei mais que em novela das oito
glória dos aflitos, santa dos mistérios
sofri em silêncio e aos gritos
rita das trevas, cássia das dores, rosa noturna
fui uma fátima de todos os lamentos
até que um dia me vi atendida em meus pedidos
sem prévio aviso não havia mais sufoco em meu peito
nem homem algum no pensamento
rebatizada: helena das flores, clara do sol
doeu também o amor deposto
visto que todo sentimento que some também é abandono
mas respiro melhor como rosa dos ventos, serena da silva

22.

a limpadora de vidros subiu dois degraus de uma pequena escada
e posicionou-se na sacada do apartamento, de frente para vários metros de altura
pano na mão, coração na outra mão, se pôs a limpar
em gestos circulares removia manchas visíveis e invisíveis
entre elas sua própria imagem refletida que lhe dizia,
caíste, Maria, não era limpar vidros o que você queria

a limpadora de vidros tinha dezessete anos e nenhuma assinatura
nunca havia pego com as mãos sua certidão de nascimento
idade e nome foram-lhe assoprados e os tomou como verdade
limpava os vidros, a Maria, que nem pai nem mãe conhecia
e o medo de cair não era maior que o medo
que ela tinha de já haver se machucado o bastante

a limpadora de vidros fazia gestos circulares e excluía
tudo o que impedisse a visão dos patrões, fosse poeira
 ou mentira
lá embaixo calçada e nada, uma queda só bastaria
que pouco importa vida longa ou curta para quem tem
 dezessete
mas não tem parente ou instrução, só um pano na mão
o coração na outra mão e uma altura mais que suficiente

23.

crazy é uma palavra que confere certo humor à loucura
parece que se é uma louca divertida, supercrazy, perso-
   nagem de gibi
alegre, magnética, cabelo colorido, uma destrambelhada
   que ri

crazy é uma palavra que não descreve a minha inversão
sou louca em português, very absorta, nada institucional
desajuste silencioso, independente, que não se cura nem
   se cobre com bandeide

crazy não me intitulo, tenho a fachada sã e não trago o
   riso solto
meu desvio é genético, louca de berço, pura, sem aditivos
loucura genuína não se produz e a américa nada tem a
   ver com isso

crazy é bacana, crazyland, terra dos que estão em paz e fumam,
a noite inteira gargalhando, beijando-se uns aos outros, just fun
o que sinto é mais uterino, absolutamente pessoal e profano

crazy, sou às vezes
louca, doze meses por ano

24.

a pia cheia de louça me convida a ficar afastada
não sou uma mulher que encontra sua essência
entre esponjas e detergentes, antidoméstica
não varro, não tiro o pó dos móveis, a casa se deteriora
o tecido do sofá, roto, denuncia
os sonos ali dormidos sem tirar os sapatos
as manchas no assoalho comprovam o uísque derramado
e nas paredes, manchas de sangue de mosquitos
que ali pousaram e foram bem mirados
minha casa a passagem do tempo revela
as coisas sujam, insetos morrem, os pés trazem pra dentro
a imundície da rua, restos de comida e alguns poemas perversos
cada um deixa as pistas que pode

25.

o rio que me percorre já não transborda
passou a época das chuvas lacrimais
as águas correm lentas, as margens observam
ouve-se novamente o som da floresta
plantas crescendo lentamente
os frutos podres caindo por terra
não há nada de novo ou de velho
o tempo deu consciência à minha tristeza

26.

o adeus é parada cardíaca
que mata
o adeus é católico
ressuscita-nos
o adeus é sem beijos
gélido
o adeus é rápido
simplista

o adeus é reencontro
solitário
o adeus é festa
do diabo
o adeus é básico
direto
o adeus é cúmplice
do tempo

o adeus é pra sempre

27.

a 100 metros da minha janela avisto outra janela
onde percebo uma discussão em família ou um pedido de casamento
um ritual satânico ou um velório alegre
um torneio de canastra ou uma turma fumando um bagulho
uma reunião de condomínio ou uma quadrilha planejando um assalto
uma concentração antes da festa ou um testamento sendo lido

sem binóculo, luneta e com alguns graus de miopia
é impossível dizer daqui, distante da cena do crime
o quanto estão sendo felizes ou não
os que vivem a 100 metros da minha solidão

28.

meu cigarro é o lápis com que rabisco trechos do livro
eu o fumo

meu espelho é o reflexo do cálice que carrego nas mãos
eu me vejo

meu almoço é a unha que cresce no meu dedo indicador
eu a devoro

meu banho é o pranto que libero enquanto durmo
eu me encharco

meu terço é o fio do telefone em que me enrosco
eu o rezo

meu albergue é o coração de onde saem meus versos
eu me acolho

29.

uma mordidinha para sentir o gosto
um cheirinho para sentir o perfume
um beijinho rápido, uma ilusãozinha
a quantos basta uma amostra grátis

não consigo molhar os pés apenas
eu mergulho e só paro quando me afogo
eu me queimo e só paro quando derreto
eu me jogo e só paro quando me param

30.

te amei e amei minha fantasia
amei de novo e amei a nossa estreia
amei meu próprio amor e amei a tua audácia
te amei muito e pouco e comovidamente
amei a história construída, os ritos e os porquês
te amei no invisível e no inaudível
amei no crível e no incrível
amei ser dona e te amei freguês
te amei e amei a farsa arquitetada
amei o nosso caso e amei a nossa casa
amei a mim, amei a ti, parti-me ao meio
te amei no profundo, no raso e com atraso
não era tua hora, não era minha vez

31.

bêbados, andarilhos, viciados em sexo
esquisitos, caçadores de raios e trovões
alucinados, viradores de madrugada
filhos das estrelas, da guitarra, do malte escocês
ninfos, notívagos, garanhões
mulheres descabeladas de unhas negras
exóticos, neuróticos, insones
o mundo tem sido injusto com vocês

32.

traços
do meu rosto
restos do meu vestido
trapos
que dispo
discos que arranho
marcas do meu ofício
Sid Vicious
tragam flores
para meus vasos sanguíneos

33.

estava frio lá fora, vi bem quando chegaste tremendo
e me adorando diferente, teu olhar parecia inédito e adolescente
quase esqueceste onde ficava a cozinha, perguntaste pelo sal
que sempre estivera no mesmo lugar, atrás do açúcar
e mexeste no meu cabelo com dedos virgens e curiosos
não havia rugas no teu rosto, te surpreendi tranquilo e familiar
o sofá te pareceu acolhedor, menos áspero, e percebeste um quadro
onde sempre houve um quadro por ti despercebido
nada mais te parecia opressor, não havia mais castração
tuas emoções estavam livres, soltas e vingadas
tua amante te trouxera de volta pra casa

34.

ave maria cheia de espinhas e rugas
tantas filhas te batem à porta em busca de auxílio
cheia de graça convidas pra uma sopa e um papo
enquanto o senhor lá em cima reprova esse barulho

35.

ele te pega ainda com sono
te dá banho
te veste e se oferece

lá vai você com ele
– o dia –
de mãos dadas
enfrentar o que acontece

36.

sou de touro quando entro na arena
com a cabeça baixa e os olhos abertos
farejando quem quer me matar e me comer
sou de leão quando sacudo a cabeleira
dando a senha para que se aproximem
sintam meu cheiro de fêmea e menina
sou de câncer quando caio de cama
doente sem vacina e sem chance
deixando que ardam meus erros fatais
sou de gêmeos quando digo sim e não
quero e não quero e ambos
há várias rainhas no comando do reino
sou sagitário quando enterneço e choro
miro a flecha rumo ao berço
quero voltar pra onde não existem problemas
sou de aquário quando rejeito comida
quando me falta ar embaixo do chuveiro
meus banhos são quentes demais
sou de libra quando ganho dinheiro

embolso meu estoque de bons atos
ninguém paga meu prato feito
sou de áries quando faço loucuras
e como as faço e como as convoco
porém quieta pra não alertar os invejosos
sou de virgem quando abro as pernas
ofereço o vermelho dos lábios
arremesso um grito e feneço
sou de escorpião quando me ferro
meto os pés pelas mãos e tudo lateja
onde mais dói é na cabeça
sou de peixes quando salgada
não há pele como a minha
não há carne mais tenra
sou de capricórnio quando me açoitam
batam mais e batam tudo
que eu nasci doze vezes foi pra isso mesmo

37.

o tempo traz
o tempo tira
o tempo falta
o tempo vigora
o tempo voa
o tempo não passa
o tempo é a favor ou contra
conforme a hora

38.

se até o dia vinte ele me ligar, é porque vai rolar
se até quinta-feira não chover, passa a ser provável
se até seis da tarde o comercial passar duas vezes
é sinal de que tudo vai acontecer como o planejado
mulher adora dar um prazo para o imponderável

39.

tenho duas, três, quantas?
são várias dentro de mim
já não suporto acordar sendo careta
e depois do almoço
vestir renda vermelha e no final da tarde
buscar os filhos no colégio e à noite renda preta

40.

Carta Extraviada 2

Estou há vários dias escrevendo esta carta mentalmente, pois na mente os erros ortográficos contam menos que os erros de atitude, e só no que penso são nos erros, uma vez que foram infinitamente mais constantes que os acertos. Não estou organizando frases para resumi-las num pedido de desculpas, pois nada me parece mais raso e os meus erros merecem um pouco mais de consideração, já que foram tão solenes e fartos, meus erros foram dos de tamanho grande, e há que se ter por eles um desprezo de igual envergadura. Menina, só um amor gigante provocaria esta nossa ruptura.

Se não há explicação, ao menos sinto verter por dentro um leve arrependimento, errei por razões mínimas porém em vezes diversas, o que me confere fartura, ainda que não tenham sido erros à sua altura. Menina, eu sei, você preferiria que eu tivesse acertado, mesmo que um acerto em miniatura.

Talvez não seja da minha índole agir com generosidade, é de família esta minha dificuldade em fazer os outros felizes, mas, ao contrário, é dom da tua, pois fizeste da tua felicidade a minha clausura. Que mistério é esse de tornar um homem apático o rei da euforia, de fazer de um homem sério o senhor da galhardia, de fazer de um homem só um homem mais só ainda, por não antever mulher alguma que consiga repetir esta aventura?

Menina, por um triz não fui o que esperavas de mim, faltou-me a coragem, não faltou-me a fissura. Para sempre estarei a te escrever esta carta mentalmente, confusa e fria, mas não impura, já que nela abdico dos meus erros e acertos para revelar apenas o que em silêncio te dedico, um amor injulgável, imedível, totalmente irresponsável, amor que abraça o sofrimento para testar sua resistência e que acredita, de maneira um tanto tola e quixotesca, que só este tipo de amor é que perdura.

41.

de alguma coisa serviu ser assaltada,
ter a ingenuidade recolhida,
o romantismo confiscado
e as lágrimas transferidas para outra conta:
não vão me roubar mais nada.

42.

não era um dia melancólico nem o horário prenunciava a cena que viria
era um início de tarde qualquer, dos que não se adivinha a temperatura
não havia temporal, não era feriado nem véspera de nada
e não há fosfato que me faça lembrar que roupa estava usando

pois neste hiato de tempo em que não chovia nem molhava
em que as frases arrastavam-se lentamente uma a uma
é que aconteceu o inesperado de uma vida, um divisor de águas
entre a mulher saudável que eu era e a mulher que eu sangraria

não durou nem dois minutos, não houve violência, parece até que havia música

algo dito em voz baixa calou fundo num ponto ainda
 agreste do meu lado esquerdo
não recordo se era quinta ou sexta, se foi há sete ou oito
 anos, e os porquês
só sei que fui despida bruscamente e desconfio que já
 não usava roupa alguma

43.

beije-me as coxas
pálpebras, dedos, lóbulos
os dois

beije-me os seios
um e outro, que são ciumentos
ambos

beije-me os lábios
superior e inferior
os grandes e os pequenos

todos

44.

dizem que sou autoritária, ou é do meu jeito ou não interessa
verdade, e a maior vítima é esta que lhes confessa
por mais que eu tente não consigo mandar na minha vontade

45.

quando dá tudo errado
visto uma camiseta e faço um rabo de cavalo
quando dá tudo errado
como pouco e tomo muita água
quando dá tudo errado
me masturbo e durmo até mais tarde
quando dá tudo errado
troco os lençóis
passo perfume francês
faço as unhas das mãos e dos pés
e dispenso penitência
já que não deu tudo certo
coloco um disco que gosto
escolho uns poemas que toquem
e os releio deitada no sofá
tudo errado que dá
é consciência

46.

a mais carinhosa também é a mais bruta
a mais inteligente é ao mesmo tempo a mais sensível
a mais bonita também é a mais emburrada
a mais esperta é ao mesmo tempo a mais mundo da lua
a mais bem-humorada também é a mais chorona
a mais falante é ao mesmo tempo a mais secreta
a mais velha é ao mesmo tempo a mais moleca
a mais moça também é a mais madura

uma não vive sem a outra e eu não vivo sem as duas

47.

o que me prejudica
é essa mania de dizer a verdade
quando deveria mentir
e fingir que estou à vontade
quando na verdade machuca

48.

beijo eu ou beija você
primeiro?

primeiro eu me lanço
ou deixo você ser
pioneiro?

primeiro toco você ou
você me toca em janeiro?

janeiro será tarde demais
ou será mais verdadeiro?

primeiro eu ou primeiro você
a engatar a primeira?

primeiro você

49.

a casa tinha uma porta azul e uma janelinha pequena
que era gradeada porém simpática e bem pintada
ao lado dessa porta verde uma campainha fazia blim-blom
e ao ouvir o peeeeeinn a cozinheira preta vinha atender
e avisar com sua voz macia e sua pele alva que Artur não estava
havia saído com sua bicicleta e outros meninos e eu dizia
obrigada, não vou esperar por Vera Lucia, volto mais tarde
e a porta branca se fechava com um baque surdo e eu me virava
ganhando aquela rua de tantas casas e inúmeras infâncias

50.

há momentos em que nossos valores se rompem
certezas se estilhaçam como cristal
viram pó nossas absurdas convicções
princípios só se justificam no final

51.

quem de mim você quer?
sou boa mãe, esposa exemplar
profissional respeitada, prendas do lar
gosto de plantas, sou organizada e sei bordar

quem de mim você quer?
sou meio maluca, danço sozinha
bebo profissionalmente e não dou vexame
sou sexy, malandra, boa de cama

quem de mim você quer?
leio até tarde Proust, Balzac, Flaubert
escrevo poemas, visito escolas
sou capaz de citar Baudelaire

quem de mim você quer?
faço ginástica, musculação, caminhada
nado mar adentro, jogo vôlei, frescobol
novecentos abdominais por semana

quem de mim você quer?
acampo em desertos, não tenho medo de avião
gosto de Paris, Londres, cidades plurais
bicicleta, motorhome, paraquedas, mil milhas

quem de mim você quer?
a maternal que atravessa madrugadas insones?
a visceral que não deixa você dormir?
a internacional que fala várias línguas?
escolha seu percentual de mulher

52.

vivi a ilusão da liberdade, daquela liberdade sonhada
em que se pode ser casada e solteira
infantil e madura, morena e oxigenada
aquela liberdade atemporal em que se pode fazer tudo sem ser condenada
em que as leis são individuais, as faltas puras
vivi a ilusão de que poderia sobrevoar os edifícios e
sorrir feito criança, que poderia satisfazer meu corpo sem pagar preço alto e até mesmo nenhum
a liberdade que cheguei a experimentar me tirou de órbita
me fez perder peso, ganhar viço, acreditar
por uns instantes tive o gozo flutuante, fui inocente e fui eu
eu fui eu por uns dias, eu fui eu por uns céus
fui ser quem eu era ao nascer, antes de ser educada,
resumida, adestrada, induzida, aplicada,
antes de ser abatida em pleno voo

53.

todos vivem por amor, amor pelo caderno novo, ao cobertor
amor ao inferno que por ter lotação esgotada recusou a nossa entrada
ao moço que nos deu as horas, ao amigo que nos perdoou
amor por um livro, amor por uma orquídea, por uns dólares

todos vivem por amor, amor pelos lençóis, pela quietude
amor pela criança que não chora, por tanto mar, pelo pão e
pelo forno, amor pela urgência da paixão, pela demora de um câncer
amor ao céu que por ter lotação esgotada recusou a nossa entrada

54.

tua foto em minhas mãos
mais uma vez nesta semana
depois de tantos anos e tantas vezes vista
nesta foto em que te capto
teus olhos já estão gastos
tanto quanto os meus

depois de tantos anos e tantas vezes vista
tua boca fechada parece entreabrir
como se a foto de tão violada se mexesse
eras moreno no dia desta foto
mas passaram-se milhares de dias desde esta mirada
descubro mais clara tua pele
e mais fechada a tua aura
depois de tantos anos e tantas vezes vista

desbotada e de uma felicidade sem viço
esta foto afilou teu nariz, te deu manchas no pescoço
e te envelheceu mesmo com o tempo retido

o papel ganhou rugas e o retrato não falou
porque retrato não fala, foto não revela
depois de tantos anos e tantas vezes vista

foto é tão triste

55.

a língua lambe a própria boca
a língua acalenta o gosto
de sal, açúcar e saliva
a língua não se veste
mora em lugar quente
a língua lambe a palavra
os selos e as ostras
a língua absorve lágrima e sêmen
comprida ou curta é sempre doce
uma língua lambe a outra

56.

procurei primeiro atrás dos móveis da sala:
onde está minha ingenuidade, aquilo que me fazia,
criança, acreditar em duende, em felicidade?

achei que estivesse dentro dos armários:
onde está o amor eterno, o sexo pleno,
a família estruturada, meus chinelos?

dei para cavoucar meu jardim:
onde estão as pegadas que me levarão à descoberta,
ao elixir da juventude, aventuras, asteriscos?

não espiei embaixo do tapete, não varro meus delírios,
eu os invoco, então o que procuro?

minhas loucuras, minha infância, minha verdade
as digitais da minha alma verdadeira, meus postais
minhas rasuras, dentes de leite e dentaduras
minha história de trás pra frente, finais felizes

minha vida prometida, ideais, tudo o que deveria estar
   aparente
caso um dia eu não tivesse interrompido as buscas

57.

aceito flores, beijos e anéis
a contragosto e em último caso, motéis

mas não me venha com suíte
que romantismo tem limite

58.

Carta Extraviada 3

Não é da minha natureza esperar que me deem liberdade, não espero pelo pouco que há de essencial na vida. Sendo liberdade uma delas, eu mesmo me concedo. Ser livre não me ensinou a amar direito, se por direito entende-se este amor preestabelecido, mas me ensinou as sutilezas do sentimento, que, afinal, é o que o caracteriza e o torna pessoal e irreproduzível. Te amo muito, até quando não percebo.

O amor que eu sinto pode parecer estranho, e é por isso que o reconheço como amor, pois não há amor universal: não, caríssima. Não há um amor internacional, assim como são proclamados os cidadãos do mundo. Cada cidadão, um coração, e em cada um deles, códigos delicados. Se não é este o amor que queres, não queres amor, queres romance, este sim, divulgadíssimo. Te amo muito, e não sinto medo.

Bela e cega, buscas em mim o que poderias encontrar em qualquer canto, em todo corpo, homens e mulheres ao alcance de teus lábios e dedos, romance: conhecido o enredo, é fácil desempenhá-lo. E se casam os românticos, e fazem filhos e fazem cedo.

O amor que sinto poderia gerar casamento, pequenos acertos, distribuição de tarefas, mas eu gosto tanto, inteiro, que não quero me ocupar de outra coisa que não seja de você, de mim, do nosso segredo. Te amo muito, e pouco penso.

Esta carta não chegará, como não chegarão ao seu entendimento estas palavras risíveis, estes conceitos que aos outros soariam como desculpa de aventureiro ou até mesmo plágio, já que não há originalidade na ideia, muito difundida, porém bastante censurada. Serei eu o romântico, o ingênuo? Serei o que quiseres em teu pensamento, tampouco me entendo, mas sinto-me livre para dizer-te: te amo muito, sem rendimento, aceso, amor sem formato, altura ou peso, amor sem conceito, aceitação, impassível de julgamento, aberto, incorreto, amor que nem sabe se é este o nome direito, amor, mas que seja amor. Te amo muito, e subscrevo-me.

59.

o irritado
não gostaria de estar onde está
pise-lhe o pé e ele vai reagir
como se lhe tivessem amputado um braço
o irritado
explode por qualquer atraso
espirra com muita força
expele a angústia toda
o irritado
não desgosta dos seus pais
não culpa seus filhos
ele não desculpa é a si mesmo
por ter se deixado
resumir
ele se irrita
é por ter sido abreviado

60.

um iogurte deveria durar para sempre, digo,
deveria durar até que fosse ingerido, assim como um patê,
um patê industrializado dura fechado até uns quatros anos,
que para mim é uma eternidade e, portanto, ele é pra sempre,
pois nossa vontade de comer um patê não resiste tanto,
então assim sou eu, a que rejeita prazos de validade,
prefere pessoas sensíveis que durem nos porta-retratos,
pessoas como você, que resistem enquanto fechados,
e são novos ao serem servidos, jamais homens perecíveis.

61.

neste exato momento passa um carro na estrada
e outro no contrafluxo, uma senhora grávida tem cólicas
e um homem coloca mais um tijolo na parede que ergue
enquanto isso, uma mulher beija um garoto na boca
a mãe do garoto solta um arroto e o padre encerra o sermão
diante disso, um vigia dorme à tarde, seu filho faz o dever de casa
e um mendigo morre de frio, e nem está tão frio assim
ao menos não para a modelo que fotografa nua na avenida
e para o fotógrafo que deve alguns dólares para um agiota
que perdeu numa briga os dois dentes da frente

neste exato momento há gente
que a gente não sente.

62.

eu,
modo de usar:

pode invadir ou chegar com delicadeza
mas não tão devagar que me faça dormir
não grite comigo que tenho o péssimo hábito de revidar
acordo pela manhã com ótimo humor
mas permita que eu escove os dentes primeiro
toque muito em mim, principalmente nos cabelos
e minta sobre a minha nocauteante beleza
tenha vida própria, me faça sentir saudades
conte umas coisas que me façam rir
mas não conte piadas
nem seja preconceituoso, não perca tempo
cultivando esse tipo de herança dos seus pais
viaje antes de me conhecer, sofra antes de mim
para reconhecer-me um porto, um albergue da juventude
eu saio em conta, você não gastará muito comigo
acredite nas verdades que digo e nas mentiras

elas serão raras e sempre por uma boa causa
respeite meu choro, me deixe sozinha
só volte quando eu chamar, e não me obedeça sempre
que eu também gosto de ser contrariada
(então fique comigo quando eu chorar, combinado)
seja mais forte que eu e menos altruísta
não se vista tão bem, gosto de camisas pra fora da calça
gosto de braços, gosto de pernas e muito de pescoço
reverenciarei tudo em você que estiver a meu gosto
boca, cabelo, os pelos no peito e um joelho esfolado
você tem que se esfolar às vezes, mesmo na sua idade
leia, escolha seus próprios livros, releia-os
odeie a vida doméstica e os agitos noturnos
seja um pouco caseiro e um pouco da vida, não de boate
que isso é coisa de gente triste
não seja escravo da televisão, nem xiíta contra
nem escravo meu, nem filho meu, nem meu pai
invente um papel pra você que ainda não tenha sido
    preenchido
e o inverta às vezes, me enlouqueça uma vez por mês
mas me faça uma louca boa, uma louca que ache graça
e tudo que rime com louca: loba, boba, rouca, boca
goste de música e de sexo, goste de um esporte não
    muito banal
não invente de querer muitos filhos, me carregar pra missa
apresentar sua família, isso a gente vê depois, se calhar

deixe eu dirigir seu carro, aquele carro que você adora
quero ver você nervoso, inquieto, olhe para outras mulheres
tenha amigos e digam muita bobagem juntos
não me conte seus segredos, me faça massagem nas costas
não fume, beba, chore, eleja algumas contravenções, me rapte
se nada disso funcionar
experimente me amar

63.

me procuro nos outros, eu me vejo com olhos alheios
ouço em outras vozes a minha voz, eu me espelho em outros corpos
me reconheço em bocejos de homens, mais que em beijos
me preencho de silêncios na presença de outros sós

64.

como é que você sabe que ama, quem lhe garante?
bate o coração mais rápido na presença do ser amado
mas na presença de um meliante também, quem lhe garante?
você passa noite e dia pensando na namorada
mas na sua conta corrente também, quem lhe garante?
as saudades do cheiro dela lhe pressionam o peito
mas a saudade dos tempos de estudante também, quem lhe garante?
milhares de fotos da eleita decoram a sua casa
mas você tem a fantasia de um flagrante, quem lhe garante?
você daria a vida para tê-la neste instante
mas não pode prever mais adiante, quem lhe garante?
como é que você sabe que ama, consultou sua cartomante?

65.

violenta a noite desce
e trata de mudar a gente
quem era sóbria de dia
torna-se imprudente
quem era cálida e terna
torna-se arrogante
quem desafiava as intempéries
torna-se temente
violenta a noite desce
e trata de mudar a gente
quem se vestia de beata
põe-se a mostrar as pernas
quem rezava um terço inteiro
meia-noite manda à merda
quem pegava dois ônibus
arranja carona na certa
violenta a noite desce
e nos tira a roupa à força

66.

encosto a cabeça no teu ombro e espero
enquanto espero, penso – que venham as respostas
encosto e quase adormeço, espero sonhos que despertem
apoio o rosto com as mãos e me enterneço
penso em coisas que não fazem senso
encosto a cabeça torcendo por descanso
reconhecendo: perdi todas as apostas

67.

morte, morte
serás estrangeira ou vizinha
me resgatará daqui a muitos anos
ou à tardinha?

morte, morte
serás rápida ou mesquinha
se anunciará onipotente
ou permitirá uma lutinha?

morte, morte
serás elegante ou gentinha
me recolherá entre amigos
ou sozinha?

morte, morte,
não seja fominha

68.

um presente, o amor que acontece ao mesmo tempo
ele por ela, ela por ele, um pelo outro, vigilante
um amor em que ele a quer, ela o deseja, homem, mulher
um presente, o amor que resiste ao inconstante

69.

você é minha melhor amiga e minha pior
perdoa minha insensatez e se vinga
me perturba o sono e me faz carinho
me confunde: agora pode, agora não pode
ás e coringa, me perturba e me acalma
me veste de trapos e Dior
pró-pecados, contra virtudes
me mostra o caminho e o interrompe
me sacode e me faz sentar
você está do meu lado e não está
minha pior inimiga e minha melhor

70.

a mão e seus extremos
um dedo para aliança, outro para masturbação
um dedo para pintar as unhas, outro para exigir explicação
a mão e sua utilidade no escuro
para segurar no cinema, a mão
para selar um trato, a mão
para segurar na hora da dor, a mão
a mão que benze
a mão que empurra
a mão que toca
a mão que surra
duas
uma para segurar a lata, outra para abri-la
uma para erguer um peso, outra para erguer o outro
a mão que segura o prato e a outra que enxuga
duas
as primeiras que envelhecem

71.

dizer não pra você
é como fincar em mim mesmo um prego
crucificado seja o meu amor
dizer não pra você
é flagelo fecundo
me firo inteiro e cego
dizer não pra você é um tour
pelo inferno

72.

deixei cair a santa de gesso, espatifou no chão, a santa
não sei que santa era aquela que me foi dada
não tive curiosidade de saber, e ela quebrou no chão
antes de eu descobrir que tipo de proteção me aguardava

73.

faróis me perseguem de carro
é noite
a cidade entre dorme-e-acorda, aquela hora
em que não restou ninguém, ainda ninguém acordou
é noite
faróis me cegam pelo retrovisor
assalto ou cantada
diminuo a velocidade para minimizar o susto
é noite
olhos borrados e ar juvenil
ainda posso encantar e não há ninguém
aguardando minha chegada
é noite
e não volto pra casa

74.

Carta Extraviada 4

Sou mais um desses boçais que escreve tudo aquilo que deveria ser falado, e você é mais uma vítima que jamais vai ter atendido o seu desejo: saber. Mesmo consciente da sua boa vontade de me ouvir e entender, lhe escrevo, não posso ir além, não peça para remeter-me, esta carta não é para chegar, é uma carta de ficar.

Para mim e para você, escrevo que, daqui de onde me encontro, você está longe e perto, e eu estou sozinho e não. Do que sinto, aviso que é forte mas não é perigoso, é como um grande lago sereno, eu sou o píer, quase me precipito, você é todo o resto, toda água, tudo o que há. Mas somos dois e em vez de par, somos ímpares. Estou possuído por você e ao mesmo tempo permaneço impermeável, amo a seco, e rendido.

Você não me acharia covarde, você não acharia nada: você não me conhece. Sou um vulto, um alguém, você foi gentil comigo como é com os garçons e os primos, com os pedestres e com os turistas, você foi o que sempre foi, e eu não fui com você: no terceiro minuto ao seu lado eu já sabia que era irremediável, e em vez de segurar sua mão e reverter-lhe a pressa, deixei que você fosse, eu fiquei.

Os dias, os gestos, rituais cotidianos, surpresas, tudo corre, tudo passa por mim, menos o susto deste amor que entranhou-se feito limo, umidade em peito árido, me sinto tomado, absorvido, e não encontro método ou coragem para dizer: você que é motivo e dona desta represa, fique comigo, pois é só o que eu sei fazer, ficar.

Mas você é ligeira, em movimento constante, você não senta, não repara, quer vida demais, sedenta, me fisgou muito rápido, e eu sou lento, estudado, incapaz de um repente, apaixonado por uma mulher impaciente, que suplica com o olhar e não espera, você se foi, em frente, quando deveria ter ficado.

Você não me conhece, não houve tempo. Seu olhar me autorizava o flerte, se eu lhe acompanhasse, rogaria por um beijo, e de mãos dadas o nosso caminho haveria de ser compartilhado. Mas eu sou mais um desses boçais que não falam, que pensam demais antes do próximo passo, e você é mais uma vítima de um amor não consumado.

75.

que lembranças terão minhas filhas da mãe da infância?
a mãe da infância não é a mesma mãe da adolescência
tampouco a mãe que é avó, a mãe que distante anseia
 e teme
diferente é a mãe da infância, a mãe primeira, a mãe-tudo
como serei recordada, uma mãe que roía unhas e falava
 alto
ou uma mãe bonita e tensa, rude, estabanada?
que mãe habitará suas cabeças, os refúgios secretos da
 memória?
uma mãe sem tempo, aflita com seus relógios, ou uma
 mãe paciente?
há mães que cozinham tortas e há mães preguiçosas
porém grandes, volumosas, mães maiores que a casa
valentes, mães que matam baratas, brigam, vão e voltam:
a mãe da infância é a verdadeira mãe da gente

76.

dia após dia o mesmo prato requentado
tarde da noite e nada aconteceu
desperto no escuro, ainda é cedo pra acreditar
que vai haver futuro e que vale a pena
esperar de banho tomado

77.

dizer quem sou não sei
sei dizer que penso de forma irregular
não gosto de tudo o que gostam e
reverencio o diferente e o audaz
coisas pífias me emocionam
não me emocionam ópera e carruagem

dizer quem sou não sei
sei dizer que o amor me comove, o meu
o seu, os vossos, o amor absolve
junta os meus restos, me justifica
me sangra e me assopra
mas não resolve

dizer quem sou não sei
sei que leio pensamentos e caminho em bases insólitas
qual um Cristo, qual uma leprosa
arranco minha própria pele para ver o que há embaixo
embaixo não há nada
estou toda pra fora

78.

dias passam e não trazem alento
aguardo quase ansiosa um troço
que pode ser verbo, voz, imagem
mulher não tolera ausência de sinal
para o bem ou para o mal, diga algo
que preencha a voragem do silêncio

79.

loas à imperfeição!
quem me dera não ter
um pingo de receio
de desagradar
vá para a puta que o pariu
diria mil vezes
o rancor meu recheio
grande merda você
que perca, que afunde, que morra
queria boa porção de lama
e dormir o sono das injustas
desbocada? dá no mesmo, porra
tanto faz como tanto fez
vem cá você, seu pentelho
você não é de nada
e pronto
mil sessões de terapia poupadas

80.

haverá de ser tu quem cruzará minha frente
e cumprimentará: tudo bem?
responderei um tudo bem entre os dentes

depois que eu passar
haverá de ser tu o primeiro a olhar pra trás

81.

do amor falou-se tudo e sigo e segues
entendendo quase nada, tudo é pouco diante
da incompreensão do que existe sem nome
será mesmo amor o nome disso que sinto e sentes?
disso que sinto e sentes falou-se tanto
e sigo desconhecendo bastante
de mim e de ti que sinto e sentes tudo isso
de que falamos tanto e perseguimos errantes

82.

tudo pela maturidade: sofra
e sofremos o diabo: tudo pelo crescimento
levante a cabeça e siga: avante
pela sanidade: enfrente
tudo pelo seu currículo: conte
confesse humildemente: tudo pelo seu prestígio
chore: faz parte do aprendizado
cumpra o destino que lhe cabe: erre
perdoe a si mesmo: tudo pela integridade
cansa: ser gente através da vivência

83.

que a casa tenha se mantido de pé ainda compreendo
é feita de cimento, tijolos, artigos rudes e mãos ásperas
mas nossa estabilidade foi de uma categoria insuspeitada
nós que somos feitos de sentimento, sangue e inocência
mantivemos o equilíbrio e o bom senso e descobrimos
que somos também fabricados com material resistente

ainda hoje te surpreendo emocionado e me pegas re-
   fletindo
as cortinas balançam na sinfonia de nossos silêncios
entretidos sabe-se lá com que pensamentos fantasiosos
eu queria estar aí dentro para acarinhar tua alma generosa
e assegurar que nada ameaçará vibrar nossas paredes
somos sólidos e aderentes e manteremos de pé a casa
   da gente

84.

raio X algum consegue revelar-me transparente
não há contorno que identifique o que levo dentro
se eu fizesse um check-up do coração
mataria o médico de susto

meus órgãos internos se amigaram
dormem uns na casa dos outros
e os sentimentos estão com fome e viciados
se há sarjeta no meu corpo, é onde se encontram

os olhos cegaram para frente e para trás
tantos faz se abertos ou fechados, é sempre escuro
e barulhento, minhas ideias balançam sensualmente
dança do ventre, dança das cadeiras, danço

quando encontro uma resposta ela evapora
e se tropeço na verdade, caio e não levanto
não há aliado nesta queda que não é pra baixo
é para os lados, para o alto, onde a realidade não alcança

85.

quando se é jovem veste-se a liberdade de jeans
estrada, sexo, rebeldia e vertigem
quando já não se é, deseja-se uma liberdade undress
nudez, nenhum comportamento para vestir

86.

incompreendi o jeito
de afastar-se

comprimida
sobrou o fastio

fartei-me de mim

sensibilidade demais
fadiga

87.

o que é mais sagrado, um amor
que permanece inalterado
ou a paixão, que te enfarta três vezes ao dia?

o que é mais danoso, um amor
que deixa a vida em ponto morto
ou a paixão, que te leva contra um poste?

o que é mais procurado, um amor
oferecido em classificados
ou a paixão, que nunca está onde se espera?

o que é mais calamitoso, um amor
gelatinoso ou a paixão explosiva?
não há resposta que nos sirva

88.

o batom sai da bolsa rumo aos meus lábios
que se tornam mais volumosos ou molhados
mais indiscretos e vermelhos, incastos

ganham xampu e escova meus cabelos
caem pelos ombros ou são vagamente presos
suspendo-os com grampos e os desalinho com os dedos

roupas, as encontradas nas vitrines, combinadas
florais ou lisas, caretas ou decotadas
de acordo com o dia, se de reza ou de noitada

sapatos de salto, esmalte em unhas crescendo
porém nada me veste melhor que o não desempenho
bonita eu sou quando não estão me vendo

89.

convido ao pecado a senhora respeitável
que sabe o que não se deve fazer depois da meia-noite
hora dos anjos e santos e só deles
não serão eles nós mesmos disfarçados?

convido ao pecado o homem que se declara honesto
que se intitula um sábio, que se confere nobreza
a humildade é a anticachaça, venha servir-se, gênio
da dose que lhe falta, o humano declarado

convido ao pecado a moça ingênua que por dinheiro
é capaz dos atos mais violentos contra si própria
boba metida a esperta, dona de coisa nenhuma
que tenha coragem para resgatar o amor que lhe tem
    sido confiscado

convido ao pecado o sargento, o coronel, o rei das fardas
que baixe o tom de voz, vista uma bermuda surrada

que leia livros, ouça música, mande e desmande sorrindo
e faça sexo como qualquer soldado

convido ao pecado as paredes que escutam tudo errado
convido ao pecado as igrejas que às evidências se têm
   negado
convido ao pecado um certo silêncio contaminado
convido ao pecado todas as regras de mercado

90.

pequeno grande amor
que gerou toda sorte de reflexão
se fosse apenas um pequeno amor
passaria longe do meu epicentro
se fosse um grandíssimo amor
estaria tudo ao meu redor devastado
mas foi um pequeno grande amor
daqueles que têm tamanhos para todos os lados
e só podem ser medidos por dentro

91.

atravesso um penhasco caminhando por uma corda suspensa
ou quase isso quando telefono para sua casa e está chamando

enfrento uma corredeira num bote velho e sem remos
ou quase isso cada vez que você diz que tem algo para me dizer

mergulho num mar gelado e profundo sem escafandro
ou quase isso se percebo em você um perfume inusual

amar você é meu esporte mais radical

92.

a criança saiu pela porta de repente, sem avisar quem a guardava
deu três passos em frente e olhou para o céu, de onde caía chuva
ergueu então os braços a criança e pegou um pingo com as duas mãos
recolheu um único pingo como quem recolhe um pássaro pequeno
e ali o guardou, deixando o resto da chuva chover
deixando os olhos dos outros descrentes, voltando pra dentro de casa
com o pingo de chuva nas mãos, o pingo de gente

93.

de novo esta breve pausa entre um amor e outro
terei dias de vento e noites de embriaguez pela frente
alguns jantares aborrecidos e quanta gente a me insultar
terminaste outro relacionamento, és um homem su-
 pérfluo

entre um amor e outro irei ao cinema sozinho
intimamente satisfeito mas faltando uma mão para
 segurar
os amigos incautos dirão coitado, que solidão infértil
os inimigos torcerão para que ela seja inóspita e difícil
 de levar

entre um amor e outro se passarão poucos meses
admito que me faz falta a companhia de uma mulher
que tenha tão belos cabelos quanto ideias, onde andará
 essa
que irá acalmar os ânimos de quem ora por mim

de novo esta breve pausa entre um amor e outro
me cai bem um trajeto assim, várias estações e nenhuma acolhida
hoje o coração a seco, amanhã o ímpeto de casar
que em seguida irá cessar, só tenho ouvidos para tiros de festim

94.

o muro quase branco pede um testemunho grafitado
a mesa poeirenta pede um poema rabiscado com o dedo
o carro sujo pede um Vilma ama João no vidro traseiro
a areia da praia pede um coração desenhado com um pedaço de pau

mas a onda apaga todas as declarações impulsivas
a mangueira limpa as confissões automotivas
o poema some no perfex da criada
e o grafite é condenado pela prefeitura

duram mais os amores silenciados

95.

nunca mais
é a expressão que durará pra sempre
entre nós a ausência, a surdez, a cegueira
nada, silêncio, nem um eco ou assovio
mata-se o amor no frio

96.

a partir de amanhã não corro mais para atender o telefone
a caixa de fotos vou colocar na última prateleira do armário
onde só alcançarei com muito esforço e escada
a partir de amanhã não abro mais o correio eletrônico
nem voo até a sua letra no alfabeto, não haverá encontro
não passarei mais pela sua rua, a partir de amanhã
nem na vizinhança, atalharei por outro bairro
não há necessidade e meu coração não é de confiança
a partir de amanhã interrompo o surto e esqueço a placa do seu carro
não há perigo de eu sonhar com você, a partir de amanhã
não durmo mais, e as músicas que eu escutava, evitarei
já não te velarei, a partir de amanhã saio do luto

97.

só levo a sério no mundo
o que lhe torna prazeroso

fútil é o tempo desperdiçado
com especulações críticas e financeiras

a vida não é mais que uma besteira
bem curtida

98.

quarenta anos!
dizem que é quando a vida inicia
a minha começou aos 23
cada um sabe quando começa a sua
anos vibrantes, conscientes, vivenciados
anterior a isso foi ensaio: testando, câmbio!
só quando virei adulta é que aprendi
a ser uma garota sem idade
quarenta mesmo eu tive bem antes

99.

estava caminhando de biquíni na beira da praia
numa daquelas manhãs em que nada há para se pensar
mar azul, picolé, um sorriso bobo na face
quase criança de tanto nada pra me atazanar

aí passou alguém por mim de camiseta
uma camiseta onde estava escrito: Quem é você?
apenas isso na camiseta, não era propaganda
Quem é você? simplesmente: Quem é você?

perdi o mar de vista e o sorriso evaporou do meu rosto
o picolé perdeu o gosto, eu já não era criança
Quem é você?, uma camiseta me perguntou
e a resposta deveria ser mais do que o não sei que me
   assaltou

quem sou? mulher, com garantia
e seria ousadia prosseguir: se madura ou biruta ou
   grotesca

se sensível ou irracional ou se mais uma igual a todas
nada me define e eu definho, queria tanto ter certeza

erro noite e dia, tenho consciência apenas do que faço mal
atitudes certas e palavras oportunas: não confirmo existência
faço tudo trocado, às avessas, sem jeito, e choro aos montes
difícil existir no mundo sem um bom planejamento pessoal

Quem é você?, me pergunta uma camiseta
e me desconsolo com a resposta que não tenho pra esta peça de roupa
eu não sou nada, ninguém, não sou daqui, não assimilei as regras
sou uma indefinição bem disfarçada e que anda às cegas

100.

Sumi porque só faço besteira em sua presença, fico mudo quando deveria verbalizar, digo um absurdo atrás do outro quando melhor seria silenciar, faço brincadeiras de mau gosto e sofro antes, durante e depois de te encontrar.

Sumi porque não há futuro e isso até não é o mais difícil de lidar, o pior é não ter presente e o passado ser mais fluido que o ar.

Sumi porque não há o que se possa resgatar, meu sumiço é covarde mas atento, meio fajuto meio autêntico, sumi porque sumir é um jogo de paciência, ausentar-se é risco e sapiência, pareço desinteressado, mas sumi para estar para sempre do seu lado, a saudade fará mais por nós que nosso amor e sua desajeitada e irrefletida permanência.

101.

mar não é paisagem
paisagem é paisagem
que pode ser árvore, céu, montanha
lagoa, edifício, rua e até mar
tudo é paisagem, gente, coelhos, bruma
paisagem é visão, absorve-se com o olho,
com o corpo longe, paisagem é lá

aqui é mar, aqui onde meu corpo se molha
aqui onde me salgo, me encharco
e o olho que olha, quando abre, arde

aqui é mar, onde atravesso a onda,
interrompo o trajeto dos peixes e me incorporo à água
mar não é paisagem
paisagem é paisagem
mar é quando a gente se inunda

102.

João operado traz um Inácio no peito
Caio joga sinuca feito um Celso destreinado
e os versos de Rui quem faz é um certo Mateus

Lélia tem ânsias de uma Cíntia gestante
Rita acoberta as manias de Sandra
e Sandra é Rita a céu aberto

Clara mentia as verdades de Petra
o céu escurecia e era Lia quem ventava
e quem fechava as janelas era Tati, de medo

Vivian tem uma Anete, Anita tem um Régis,
Silvio tem um José, Aldo traz um menino guardado
e Beatriz não é Beatriz 100%

todos têm outro por dentro

103.

o homem vive a vida que lhe foi outorgada
dorme e acorda, come e expele, ganha e gasta
o homem vive a vida, qualquer vida, a vida que lhe foi atribuída

outro homem vive uma vida, a sua vida
dorme e acorda, e entrementes vibra, sofre, pensa, faz
come e expele, e entrementes cria, repensa, transfere coisas do lugar
este homem vive uma vida, a sua vida, uma vida por ele mesmo conferida

dois homens desiguais:
uma vida perdida
e uma vida vingada

104.

é como uma bêbada que atravesso os dias
por intuição do caminho

as reações que em outros são previsíveis
a mim acontecem de inopino

não me pertenço
a verdade em mim são os detalhes da mentira

meus pormenores, ácidos
o que não lateja me entorpece

consumir-se é vício
legalizem-me já

105.

minha loucura deu a volta na esquina
seguiu todos os passos da normalidade
até que entrou num prédio alto e se aquietou lá em cima
a normalidade ficou vigiando a quadra
ao mesmo tempo porteira e inquilina

106.

aspiração em mesa de cirurgia:
doutor, não quero tirar culote, barriga ou pedaço da coxa
deixe o corpo como está que tenho mais o que perder
arranque-o de mim, doutor, é desse amor que preciso
   emagrecer

107.

queixos tremem de emoção
olhares embaçam de tão tristes
sorrisos iluminam um ambiente
vincos surgem com o sofrimento
peles acetinam ao serem tocadas
e olheiras revelam um impasse

através da face
é possível ler todos os sentimentos

iletrada eu que não percebi
que mantinhas o mesmo rosto
fosse qual fosse o desenlace

108.

ele esteve mudo o tempo inteiro ao lado do sofá
perto de uns livros de arte e de um abajur ligado
manteve-se inalterado por dias e noites
sem dar um pio, semimorto, inútil e inerte
pedi a ele, perdida, que me desse um toque
ele nem me olhou, pedi que me trouxesse alívio
mas manteve-se quieto, uma afronta
insensível a qualquer apelo ou aflição
que eu me danasse, insone, pelos corredores da casa
não era dele essa conta, o telefone

109.

ela relembra em cada manhã despertada
a vida que foi vivida, o ontem e todos os dias de antes
a cada abrir de olhos faz um inventário do passado
cheguei até aqui, pensa ela ainda deitada
apesar deste e daquele obstáculo, apesar das falsas promessas
de emoções passageiras e nefastas
cheguei até 20 de março sobrevivente de um sonho cancelado
cheguei até 12 de julho resistindo bravamente às dores tantas
cheguei até hoje de manhã inteira, desconfio que preparada
então ela sai da cama e entra no chuveiro
não diferencia lágrima de água, e o dia começa

110.

o tempo é uma roldana

a cabeça anda pra frente,
desenvolve

e o corpo anda pra trás,
desmorona

inexplicável
a vida engrena

111.

te agradeço a paciência e o tempo dedicado
estiveste presente de acordo com tua disponibilidade
e foi presença sincera e suficiente
agradeço também, porque é igualmente importante,
todo o riso provocado, amostra de uma inteligência assombrosa
compartilhada a dois, tão pouca plateia para tamanho talento
obrigada pelo teu não egoísmo, pelo verbo no gerúndio
nada em nós no particípio, tudo sendo construído
agradeço por teres surgido sem formato padronizado
sem valores catados na rua e adotados como se fossem próprios
teu jeito singular de pensar e lidar com o imprevisto
fez toda a diferença
obrigada por proporcionares a solidão necessária
um dia há de ser descoberto o segredo desta nossa união
agradeço a tolerância, a gentileza e o mistério

principalmente o mistério, que até hoje não decifro
nem devo, nem quero
é dele o mérito de ter nos tornado eternos

112.

há num pedaço de queijo
mais lirismo que num pedaço de sabonete?

qual perfume é mais poético:
o gastronômico ou o higiênico?

eu mastigo lux de luxo com pão
e tomo banhos de roquefort

poesia também é consumo

113.

Carta Extraviada 5

Tudo o que vejo são telas digitais, um novo mundo feito de chips e megabytes, e você vem falar de amor, um amor que deixaria a todos incrédulos por ser real demais.

Não recebi suas cartas, mas sei que elas foram escritas, o universo regido por ícones eletrônicos induz a fantasias telepáticas. Ser intuitiva também é uma forma de conexão, há muitas cartas extraviadas viajando pelo espaço, sem fios ou cabos, sem satélites, palavras silenciadas e igualmente transmitidas. Amor é um troço raro e sempre de vanguarda.

Também escrevo minhas cartas que não são postadas, cartas digitalizadas no sonho, um mundo de excelentes intenções, nostalgias, poesias, essas coisas quase fluviais.

Você vem falar de amor de um modo que emociona, e eu vou falar de amor como se fosse sua resposta.

Agradeço, primeiramente, o amor recebido e negado, demonstrado e não, existido e inventado. Pouco importa os plurais de um amor, seus adjetivos, seus diagnósticos e o tempo percorrido, se foi um amor de verão ou se comemorou vinte bodas anuais, o amor que sinto não é dado a configurações, o amor transcende, nunca foi mortal como a gente.

Gosto destes sons, embala o amor a rima, navego empurrada pelos ais e por sufixos e sílabas que remam, remam, aqui vão minhas palavras navais. O amor não tem ancoradouro, porto, cais – o amor é navegante e recolhe pessoas neste mar de distraídos, salva vidas. O amor que você narra e a mim dirige é amor primitivo, fora de catálogo, é sorte dos amores ambientais, estão por toda parte, para senti-lo requer apenas querê-lo. Conceitos fugazes do amor? Não creio. Há os amores produzidos e os amores naturais, os amores duros e os rarefeitos, há os que nascem no peito e os ancestrais, amores vários, todos iguais.

Em diversas cartas há seu apelo e sua culpa pelo amor não vivido. O amor vive apesar de nós, tudo o que se sente é validado por ser existente, não sofra mais. Foram cartas não assinadas, não enviadas, talvez escritas por mais de uma pessoa, tanto faz. São cartas de amor, e mesmo com angústia e anonimato, sobrevive nelas o tesouro de um sentimento bruto, porém não violento. O amor comentado nestes tempos que correm é produto, assunto de revistas e jornais, o amor nos tempos que correm deveria ir mais devagar, aceitarem-se múltiplos, gozo, gás. Você que escreve mentalmente, você que escreve cartas pra ficar, você que não sabe direito que amor é esse e que só quer se desculpar, você que ama livre e você, entre grades, você que ama em pensamento, você e você e você, nós todos e nossos amores ornamentais, que ainda nos fazem chorar e mal entender, carentes existenciais, você e você e você e nossas cartas abortadas, digamos para nós mesmos: comunicar é lindo e gritar o amor é nobre, dizer te amo é bálsamo e mais ainda, escutar. Mas o amor independe, o amor, remetente, é transcrito no olhar, há quem entenda e há quem procure lê-lo em outro lugar. Amor é carta que mesmo extraviada está ora chegando e partindo, e pode cair em mãos que não as destinadas, mas onde estiverem as palavras, escritas ou caladas, onde estiverem os desejos e seus códigos postais, não importa a data em que foram selados, serão sempre cartas de amor e amores que alcançaram seus finais.

Sobre a autora

Martha Medeiros nasceu em Porto Alegre, em 20 de agosto de 1961. Formou-se em Publicidade e Propaganda e trabalhou como redatora e diretora de criação em diversas agências. Estreou na literatura com o livro de poesia *Strip-tease* (Brasiliense, 1985). Seguiram-se os livros *Meia-noite e um quarto* (L&PM, 1987), *Persona non grata* (L&PM, 1991), *De cara lavada* (L&PM, 1995), cujos textos foram compilados em *Poesia reunida* (L&PM, 1998), entre outros. Em 1997, recebeu o Prêmio Açorianos por *Topless* (L&PM, crônicas). E em 2004, o Jabuti e o Açorianos por *Montanha-russa* (L&PM, crônicas). É uma das mais importantes escritoras brasileiras, autora dos best-sellers *Simples assim* (2015), *A graça da coisa* (2013), *Feliz por nada* (2011), *Doidas e santas* (2008) e *Divã* (2002). Sua obra inclui ainda contos, romances, histórias infantis e crônicas de viagens. Em 2014, em comemoração aos vinte anos de carreira como cronista, reuniu os melhores textos em três volumes: *Felicidade crônica*, *Liberdade crônica* e *Paixão crônica*. É colunista dos jornais *Zero Hora* e *O Globo*, e seus textos já foram adaptados com sucesso para o teatro, cinema e televisão.

Coleção L&PM POCKET (Lançamentos mais recentes)

1202. **Treze à mesa** – Agatha Christie
1203. **Bíblia** – John Riches
1204. **Anjos** – David Albert Jones
1205. **As tirinhas do Guri de Uruguaiana 1** – Jair Kobe
1206. **Entre aspas (vol.1)** – Fernando Eichenberg
1207. **Escrita** – Andrew Robinson
1208. **O spleen de Paris: pequenos poemas em prosa** – Charles Baudelaire
1209. **Satíricon** – Petrônio
1210. **O avarento** – Molière
1211. **Queimando na água, afogando-se na chama** – Bukowski
1212. **Miscelânea septuagenária: contos e poemas** – Bukowski
1213. **Que filosofar é aprender a morrer e outros ensaios** – Montaigne
1214. **Da amizade e outros ensaios** – Montaigne
1215. **O medo à espreita e outras histórias** – H.P. Lovecraft
1216. **A obra de arte na era de sua reprodutibilidade técnica** – Walter Benjamin
1217. **Sobre a liberdade** – John Stuart Mill
1218. **O segredo de Chimneys** – Agatha Christie
1219. **Morte na rua Hickory** – Agatha Christie
1220. **Ulisses (Mangá)** – James Joyce
1221. **Ateísmo** – Julian Baggini
1222. **Os melhores contos de Katherine Mansfield** – Katherine Mansfied
1223(31). **Martin Luther King** – Alain Foix
1224. **Millôr Definitivo: uma antologia de *A Bíblia do Caos*** – Millôr Fernandes
1225. **O Clube das Terças-Feiras e outras histórias** – Agatha Christie
1226. **Por que sou tão sábio** – Nietzsche
1227. **Sobre a mentira** – Platão
1228. **Sobre a leitura *seguido do* Depoimento de Céleste Albaret** – Proust
1229. **O homem do terno marrom** – Agatha Christie
1230(32). **Jimi Hendrix** – Franck Médioni
1231. **Amor e amizade e outras histórias** – Jane Austen
1232. **Lady Susan, Os Watson e Sanditon** – Jane Austen
1233. **Uma breve história da ciência** – William Bynum
1234. **Macunaíma: o herói sem nenhum caráter** – Mário de Andrade
1235. **A máquina do tempo** – H.G. Wells
1236. **O homem invisível** – H.G. Wells
1237. **Os 36 estratagemas: manual secreto da arte da guerra** – Anônimo
1238. **A mina de ouro e outras histórias** – Agatha Christie
1239. **Pic** – Jack Kerouac
1240. **O habitante da escuridão e outros contos** – H.P. Lovecraft
1241. **O chamado de Cthulhu e outros contos** – H.P. Lovecraft
1242. **O melhor de Meu reino por um cavalo!** – Edição de Ivan Pinheiro Machado
1243. **A guerra dos mundos** – H.G. Wells
1244. **O caso da criada perfeita e outras histórias** – Agatha Christie
1245. **Morte por afogamento e outras histórias** – Agatha Christie
1246. **Assassinato no Comitê Central** – Manuel Vázquez Montalbán
1247. **O papai é pop** – Marcos Piangers
1248. **O papai é pop 2** – Marcos Piangers
1249. **A mamãe é rock** – Ana Cardoso
1250. **Paris boêmia** – Dan Franck
1251. **Paris libertária** – Dan Franck
1252. **Paris ocupada** – Dan Franck
1253. **Uma anedota infame** – Dostoiévski
1254. **O último dia de um condenado** – Victor Hugo
1255. **Nem só de caviar vive o homem** – J.M. Simmel
1256. **Amanhã é outro dia** – J.M. Simmel
1257. **Mulherzinhas** – Louisa May Alcott
1258. **Reforma Protestante** – Peter Marshall
1259. **História econômica global** – Robert C. Allen
1260(33). **Che Guevara** – Alain Foix
1261. **Câncer** – Nicholas James
1262. **Akhenaton** – Agatha Christie
1263. **Aforismos para a sabedoria de vida** – Arthur Schopenhauer
1264. **Uma história do mundo** – David Coimbra
1265. **Ame e não sofra** – Walter Riso
1266. **Desapegue-se!** – Walter Riso
1267. **Os Sousa: Uma famíla do barulho** – Mauricio de Sousa
1268. **Nico Demo: O rei da travessura** – Mauricio de Sousa
1269. **Testemunha de acusação e outras peças** – Agatha Christie
1270(34). **Dostoiévski** – Virgil Tanase
1271. **O melhor de Hagar 8** – Dik Browne
1272. **O melhor de Hagar 9** – Dik Browne
1273. **O melhor de Hagar 10** – Dik e Chris Browne
1274. **Considerações sobre o governo representativo** – John Stuart Mill
1275. **O homem Moisés e a religião monoteísta** – Freud
1276. **Inibição, sintoma e medo** – Freud
1277. **Além do princípio do prazer** – Freud
1278. **O direito de dizer não!** – Walter Riso
1279. **A arte de ser flexível** – Walter Riso
1280. **Casados e descasados** – August Strindberg
1281. **Da Terra à Lua** – Júlio Verne
1282. **Minhas galerias e meus pintores** – Kahnweiler e Crémieux